BEI GRIN MACHT SICH IHR WISSEN BEZAHLT

- Wir veröffentlichen Ihre Hausarbeit, Bachelor- und Masterarbeit

- Ihr eigenes eBook und Buch - weltweit in allen wichtigen Shops

- Verdienen Sie an jedem Verkauf

Jetzt bei www.GRIN.com hochladen und kostenlos publizieren

Bibliografische Information der Deutschen Nationalbibliothek:

Die Deutsche Bibliothek verzeichnet diese Publikation in der Deutschen Nationalbibliografie; detaillierte bibliografische Daten sind im Internet über http://dnb.dnb.de/ abrufbar.

Dieses Werk sowie alle darin enthaltenen einzelnen Beiträge und Abbildungen sind urheberrechtlich geschützt. Jede Verwertung, die nicht ausdrücklich vom Urheberrechtsschutz zugelassen ist, bedarf der vorherigen Zustimmung des Verlages. Das gilt insbesondere für Vervielfältigungen, Bearbeitungen, Übersetzungen, Mikroverfilmungen, Auswertungen durch Datenbanken und für die Einspeicherung und Verarbeitung in elektronische Systeme. Alle Rechte, auch die des auszugsweisen Nachdrucks, der fotomechanischen Wiedergabe (einschließlich Mikrokopie) sowie der Auswertung durch Datenbanken oder ähnliche Einrichtungen, vorbehalten.

Impressum:

Copyright © 2016 GRIN Verlag
Druck und Bindung: Books on Demand GmbH, Norderstedt Germany
ISBN: 9783668656765

Dieses Buch bei GRIN:

https://www.grin.com/document/413369

Anna Movsovic

Textanalyse und Textproduktion. Metaphern, Symbole und Allegorien

GRIN Verlag

GRIN - Your knowledge has value

Der GRIN Verlag publiziert seit 1998 wissenschaftliche Arbeiten von Studenten, Hochschullehrern und anderen Akademikern als eBook und gedrucktes Buch. Die Verlagswebsite www.grin.com ist die ideale Plattform zur Veröffentlichung von Hausarbeiten, Abschlussarbeiten, wissenschaftlichen Aufsätzen, Dissertationen und Fachbüchern.

Besuchen Sie uns im Internet:

http://www.grin.com/

http://www.facebook.com/grincom

http://www.twitter.com/grin_com

1. Einleitung

Die vorliegende Arbeit beschäftigt sich mit dem Thema „Metaphern, Symbole, Allegorien." Das Ziel dieser Arbeit ist herauszufinden, wie man mit der Sprache „malen" kann, um dem Leser präzise, anschauliche und aussagekräftige Bilder anzubieten. Diese Arbeit soll auch beweisen, dass sprachlicher Zugriff notwendig ist, um farblose und langweilige Bilder zu erhellen, Vergleiche und übertragende Verwendungen wiederzubeleben und dadurch wichtige Informationen hervorzuheben.

Zuerst werden die Begriffe „Metaphern", „Symbole" und „Allegorien" definiert. Darauf aufbauend werden ihre jeweiligen Gemeinsamkeiten und Unterschiede als Ausdrucksmittel erklärt und ihre Hauptwirkungen in verschiedenen Textsorten ermittelt.

Auf den nächsten Seiten wird auch die Kunst der richtigen Verwendung der obengenannten rhetorischen Mittel erarbeitet und das Thema der missglückten Bilder angesprochen.

2. Metapher

Manchmal erscheint uns etwas fremd, unverständlich, zu abstrakt oder zu ausdrucksschwach. Dann hilf ein bildreicher und lebensvoller Ausdruck - eine Metapher.

2.1 Definition

Das Wort Metapher stammt aus dem griechischen Wort „metapherein", welches „hinübertragen" oder „transferieren" bedeutet. So besagt die auf Aristoteles zurückgehende und wohl älteste der Theorien, die Substitutionstheorie, dass bei der Metapher das eigentliche Wort durch ein fremdes ersetzt, also substituiert wird. Eine Variante dieser Theorie ist die Vergleichstheorie. Die besagt, dass die Metapher um den Partikel „wie" reduziert wird.

Wir verwenden jeden Tag Unmengen verschiedener Metaphern. Es können verschiedene Wortarten sein, z.B.:

Substantiv	Wolkenkratzer, Handschuh, Spargeltarzan
Adjektiv	ätzende Säure, trockener Humor, blinder Eifer
Verb	sitzen bleiben (in der Schule), kürzer treten, flöten gehen

Abb. 1[1]

Auch ganze Satzglieder können der metaphorischen Sprache angehören, z.B. Phrasen mit Genitivattributen: *des Wahnsinns fette Beute, die Blumen des Bösen.*[2]

Die vollständigen Sätze können auch metaphorisch sein:

„In der Ferne erhoben sich die Hügelketten der Ochils und Lomonds mit ihrem dunkelrot leuchtenden Heidekraut, hohe wilde Berge, in denen kleine Bauernhäuschen standen, *deren Türen* zum Jagen einluden…".[3]
(Die Türe werden in der Bedeutung „Möglichkeiten", „Chancen" verwendet).

---

[1] Abb. 1
[2] Vgl. Mackowiak, K. (2011). S. 170-171

„Was für ein gemeiner, alter *Geizkragen* James Drummond war!"[4] (Der Geizkragen wird im Bezug auf einen geizigen Menschen übertragen).

„Eva habe Adam verführt, sie sei es gewesen, die *einen Bund mit dem Teufel geschlossen habe.*"[5] (Dem Teufel wird eine menschliche Seele gegen Reichtum, Macht und magische Kräfte versprochen).

Unsere Sprache ist ein übervolles Reservoir solcher metaphorischer Ausdrücke, die eine Verengung oder Erweiterung mit einem solchen Gegenstand aufweist. Ein metaphorischer Gebrauch ist eine Ableitung vom Standardgebrauch. Dieser Standardgebrauch bleibt bestehen, er wird nur intensiviert. Die metaphorische Bedeutung wird nicht einfach aus der wörtlichen Bedeutung abgeleitet, sondern wird aus dem Verständnis der ganzen Situation, des ganzen Kontextes erzeugt. Die metaphorische Bedeutung ist daher mehr ein Akt, als ein Resultat, eine konstruktive Bedeutungserzeugung, die sich irgendwie dominant erweist.[6]

Nach Aristoteles ist die Metapher ein Mittel der poetischen Redeweise - nicht der alltäglichen, konventionellen Redeweise. Sie lebt davon, dass der Autor sie so geschickt in einen Zusammenhang einwirkt, dass dem Leser unmittelbar deutlich wird, in welchem Aspekt der Metapher die Strukturähnlichkeit zum eigentlichen Wort oder zur eigentlichen Wendung liegt.[7]

2.2 Formen der Metapher

Stilistisch interessant ist die Unterscheidung zwischen lexikalisierten und produktiven Metaphern.

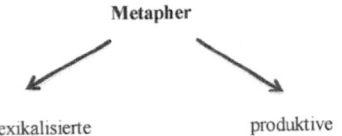

Abb. 2[8]

<u>Lexikalisierte</u> Metaphern sind in den allgemeinen Sprachgebrauch eingegangen, aber ihre Bildlichkeit wird nicht mehr wahrgenommen. Es sind tote Metaphern, die immer mit der Zweitbedeutung assoziiert werden,

z.B. *Meilenstein* = richtungsweisendes Ereignis

durchdrehen = die Beherrschung verlieren

Wirtschaftsflaute = Wirtschaftskrise

jemandem einen Strich durch die Rechnung machen = Pläne anderer durchkreuzen

<u>Produktive</u> Metaphern erzeugen ein Bild, das eine Analogie zum eigentlich Gemeinten zum Ausdruck bringt.

---

[3] McCullough, C. (2007), S. 13
[4] McCullough, C. (2007), S. 18
[5] McCullough, C. (2007), S. 92
[6] Vgl. Kurz, G. (1982), S. 18
[7] Vgl. Seibicke, W. (1969), S. 140-141
[8] Abb. 2

„*Das Alter* verhält sich zum Leben wie der Abend zum Tag" (das Alter wird metaphorisch „Abend des Lebens" genannt).[9]

2.3 Metaphern in der politischen Rhetorik

Metaphern haben gerade wegen ihrer expressiven Bedeutung eine wichtige textkonstruktive und textstrukturierende Funktion. Festgesponnene, variierte oder sonst aufeinander abgestimmte Metaphern bilden Textknoten und Textklammern, die vor- oder zurückweisen und damit ein ganzes Wortfeld umfassen. Sie eröffnen bestimmte Perspektiven, z.B. greift politische Rhetorik auf dieselben basalen Metaphern zurück: *Organismus, Familie, Schiff*. Die Metaphorik des Schiffes wird gerne in Krisenzeiten berufen, denn sie beschwört Ordnung und Einheit gegen die Gefahr des Untergangs:

Wir sitzen alle in einem Boot. Die Schiffsmetaphorik stellt den Staat als eine hierarchische Ordnung dar, in der jedem ein fester Platz zugewiesen ist.

Freiheit in Grenzen räumt dem Einzelnen das Metapher-Feld der Familie ein:

Vater Staat

Väter des Grundgesetzes

Dies verlangt vom Bürger vor allem Vertrauen, weniger mündige Kritik und Mitbestimmung. Die Organisationsmetaphorik ist die Krankheitsmetaphorik und die Krankheitsmetaphern implizieren eine radikale Einstellung, eine Krankheit so schnell wie möglich auszukurieren, notfalls zu amputieren. In der antisemitischen Rhetorik werden Juden als *Pest, Cholera, Krebs, Rattentuberkulose* oder *Geschwür* bezeichnet. Wer einen Menschen auf diese Weise beschreibt, stiftet zur Gewalt gegen Menschen an. Unbarmherzig muss *das Geschwür* ausgeschnitten werden."[10]

2.4 Nicht treffende Metaphorik

Die Hauptwirkung der Metapher ist Verdeutlichung und Verstärkung durch bildliche Unterstützung. In diesem Fall wird der Autor selbst ein bisschen schöpferisch. Wer das wagt, kann auch scheitern und den Leser ermüden. In dieser Sicht ist die Metapher ein fehlerhafter Ausdruck, und richtig ist dann nur die Interpretation dessen, was gemeint ist und was falsch formuliert wurde. Eine nicht treffende Metapher ist schlechter als keine Metapher. Der Autor hat die Zeit, treffende Bilder zu suchen und etwas Schiefes oder gar Brechendes herauszufiltern.

Metaphern eignen sich für Textorten und Zielgruppen aller Art. Da gibt es keine Einschränkungen, solange Qualität und Angemessenheit gewahrt sind. Dann kann eine Metapher als „Reitersprung der Phantasie" gelten (Frederico Garcia Lorca).[11]

---

[9] Vgl. Mackowiak, K. (2011), S. 170-171
[10] Vgl. Kurz, G. (1982), S. 22-26
[11] Vgl. Mackowiak, K. (2011), S. 171-172

3. Allegorie

3.1 Definition

Allegorie stammt vom griechischen Wort „allegoria" und bedeutet das Anderssprechen, bildlich reden, anders sagen. Im Lateinischen bezeichnet man die Allegorie als „inversio" (Umkehrung) und das stellt einen Wortlaut dar, der entweder einen anderen oder sogar den entgegengesetzten Sinn hat.[12] Die Allegorie ist ein Sprachbild, bei dem abstrakte Begriffe und Gedankengänge (Gemeintes) sinnbildlich dargestellt werden. Sie gilt auch als Gattungsform, kann in der bildenden Kunst sowie der politischen und religiösen Rhetorik angewandt werden. Als literarisches Ausdrucksmittel wurde die Allegorie besonders in der Antike, im Mittelalter und im Barock verwendet. Viele Autoren suchten für ihre Dramen kraftvolle Bilder und fanden sie in der Allegorie. Eine umfassende Vorstellung wird in einem komplexen Bild veranschaulicht, z.B. wenn der Staat als Schiff dargestellt wird, das von einem verantwortungsbewussten Kapitän und Steuerleuten durch alle Stürme, Klippen und Untiefen manövriert wird.[13]

Bei einer Allegorie ist ein größerer Textabschnitt bildhaft gestaltet und erlaubt gleichzeitig zwei Deutungen. Die doppelte Rede der Allegorie wird z.B. mythologisch und theologisch von der Überzeugung motiviert, dass das Höchste nun indirekt artikuliert wird.

3.2 Formen der Allegorien

Es gibt zwei Arten der Allegorie: reine Allegorie, in der allegorische Bedeutung implizit zu verstehen ist, und gemischte Allegorie, in der allegorische Bedeutung explizit angegeben wird. Das folgende Kirchenlied ist eine explikative Allegorie:

> Es kommt ein Schiff geladen
> Bis an sein' höchsten Bord
> Es trägt Gottes Sohn voll Gnaden
> Des Vaters ewigs Wort.
>
> Das Schiff geht still im Triebe
> Es trägt eine theure Last,
> Das Segel ist die Liebe
> Der heilige Geist der Mast.
>
> Der Anker haft auf Erden,
> Da ist das Schiff an Land.
> Das Wort tut Fleisch uns werden,
> Der Sohn ist uns gesandt.
> (...).

---

[12] Vgl. Kurz, G. (1982), S. 32-33
[13] Vgl. Mackowiak, K. (2011), S. 175-176

Zugrunde liegt die Ankunft eines Schiffes als Metapher für die Geburt Christi. Elemente des Schiffes werden auf Elemente der Geburts- und Verheißungsgeschichte Christi bezogen mit der Formel „ist". Explizit wird angegeben, was der allegorische sensus ist.[14]
Politiker verwenden in ihren Reden gelegentlich kleine Allegorien, aber nur dann, wenn eine zündende Idee wie von selbst zum Steppenbrand einer Allegorie wird.

Einige Allegorien haben schon etwas Unterhaltsames:

> Die Kirch hat einen guten Magen,
> hat ganze Länder aufgefressen,
> Und doch noch nie sich übergessen;
> die Kirch allein, meine lieben Frauen,
> kann ungerechtes Gut verdauen (J.W. Goethe, „Faust")[15].

Mit dem „Faust" hat Goethe ein Werk geschaffen, das mit allegorischen Formen so spielt, dass Allegorisieren mit Poetisieren an sich gleichgesetzt wird.

3.3 Personifikation

In einer anderen Lesart versteht man unter einer Allegorie schlicht die bildliche Darstellung, meist die Personifizierung eines abstrakten Begriffs oder einer Idee. „Bei der Personifikation wird Unbelebtes in Belebtes, Nichtpersonenhaftes in Personenhaftes transformiert. Das Wort wird Eigenname, verliert aber nicht seine lexikalische Bedeutung."[16] So gilt etwa *Justizia* mit verbundenen Augen und einer Waage in der Hand als Verkörperung der Gerechtigkeit. Diese Personifizierung ist die Verlebendigung von Materie, die ein Licht von Bildlichkeit erzeugt und Erfindungsreichtum des Autos zeigt.[17] Eine allegorische Personifikation liegt dann vor, wenn das Bewusstsein einer Person eine Personifikation darstellt, die dann im Bewusstsein einer anderen Person eine zweite Bedeutung erhält. Der Leser wird angeregt, sich nicht mit einem wörtlichen Verständnis zufrieden zu geben, sondern nach einer eigenen Bedeutung zu suchen. Diese Aufforderungen können durch textuelle Formulierungen, wie z.B. Vorworte, Briefe und Kommentare der Autoren, oder durch pragmatische Aufforderungen mit dem gemeinsamen Wissen des Lesers und des Autors geschehen.[18]
Die Personifikation ist ein wichtiges Element der antiken Dichtung. Sie soll dem Leser Überzeugungskraft und Unbezweifelbarkeit geben. In politischer Dichtung ist die Personifikation eines der am häufigsten benutzten Mittel.

Brecht dichtet 1920:

---

[14] Vgl. Kurz, G. (1982), S. 38-40
[15] Vgl. Mackowiak, K. (2011), S. 180-183
[16] Kurz, G. (1982), S. 56-57
[17] Vgl. Seibicke, W. (1969), S. 155
[18] Vgl. Kurz, G. (1982), S. 56-57

Deutschland, du Blondes, Bleiches
Wildwolkiges mit sanfter Stirn!
Was ging vor in deinen lautlosen Himmeln?
Nun bist du das Aasloch Europas.

Personifikationen sind wichtige Mittel in Märchen, Comic-Strips und in der Reklame.[19]

4. Symbole

4.1 Definition

Symbole sind Wahrzeichen, Merkmale und bildhafte Ausdrücke für einen Vorgang oder Zusammenhang. Das griechische Substantiv „symbolon" ist vom Verb „symballein" abgeleitet, welches zusammenbringen, zusammenwerfen, zusammenstellen, auch versammeln und vergleichen bedeutet.[20] Die Hauptwirkung des Symbols ist die Erhöhung der Anschaulichkeit und der repräsentativen Bedeutung. Ein Besonderes vertritt ein Allgemeines und macht dieses Allgemeine gegenwärtig, d.h. bewusst, vorstellbar und überschaubar, z.B. *das Kreuz* ist ein Symbol für Tod oder christlichen Glauben; *Hammer und Sichel* – für Kommunismus; *Schildkröte* – für Langsamkeit; *Amor* – für die Liebe.

Farbsymbolik ist ein Bedeutungsträger, der Assoziationen auslöst: die Farbe Rot als Symbol für die Liebe, die Farbe **Schwarz** für die Dunkelheit und den Tod, die Farbe Grün fürs Leben und für die Hoffnung, die Farbe Gelb – für die Sonne und Wärme. Verkehrssymbole sind Signale, die eine bestimmte Handlungsaufforderung enthalten, z.B. ein Vorfahrtszeichen.[21]

Gleichzeitig bedeutet das Symbol ein rätselhaftes, ominöses Zeichen, dessen Bedeutung erraten und erschlossen werden muss.

„Willkommen zu Hause, Elisabeth". *„Fuchs"*, dachte Elisabeth als Alexander sie die Stufen hinauf ins Innere führte."[22] (Fuchs steht als Symbol für Schlauheit).

„Jade war immer noch eine schöne Frau, und durch ihr teils *weißes Blut*…wirkte sie auf weiße Männer genauso attraktiv wie auf Chinesen."[23] („Weißes Blut" steht für besonders edle Menschen).

Das Folgende ist eine Passage aus Goethes Roman „Die Wahlverwandtschaften" (1809):

„Eduard versicherte seine Gattin auf die anmutigste Weise der lebhaftesten Dankbarkeit. Er eilte mit freiem, frohem Gemüt, seinem Freund Vorschläge schriftlich zu machen. Charlotte musste in einer Nachschrift ihren Beifall eigenhändig hinzufügen, ihre freundschaftlichen Bitten mit den seinen vereinigen. Sie schrieb mit gewandter Feder gefällig und verbindlich, aber doch mit *einer Art von Hast*, die ihr sonst nicht gewöhnlich war, und was ihr nicht leicht begegnete, sie verunstaltete das Papier zuletzt mit einem *Tintenfleck*, der sie ärgerlich machte und nur größer wurde, indem sie ihn wegwischen wollte. Eduard scherzte darüber, und weil noch Platz war, fügte er eine zweite Nachschrift hinzu:

---

[19] Vgl. Kurz, G. (1982), S. 57-58
[20] Vgl. Kurz, G. (1982), S. 65-55
[21] Vgl. Kurz, G. (1982), S. 68-70
[22] McCullough, C. (2007), S. 51
[23] McCullough, C. (2007), S. 356

Der Freund solle aus diesem Zeichen die Ungeduld sehen, womit er erwartet werde, und nach der Eile, womit der Brief geschrieben, die Eilfertigkeit seiner Reise einrichten."
Wenn Charlotte mit einer „Art von Hast" schreibt, die man bei ihr sonst nicht gewohnt war, dann deutet das auf eine Unruhe und Ungeduld in ihr, den Hauptmann zu sehen. Ein „Tintenfleck" ist ein Symbol dieser Hast. Die Deutung, dass Charlotte ihn wegwischen wollte, aber ihn noch größer machte, bringt den Leser zur Idee, dass der Mensch nicht der Herr seiner Handlungen ist. Der Fleck ist ein Indiz für Charlottes inneren Zustand. Daher kann man das Symbol formal als Textelement definieren, das zugleich metaphorische Bedeutung hat. Der Reiz mancher Texte besteht gerade darin, dass man oft Symbole vermuten muss, ohne sie deuten zu können.[24]

4.2 Literaturwissenschaft über Symbole

Seit der Klassik beschäftigen sich Dichter und Schriftsteller mit dem Symbol. Goethe war der Meinung, dass im Grunde alle Dichtungen symbolisch verstanden werden können. Der Anschauungswert, den Goethe dem Symbol zuerkennt, ist kritisiert worden. Sie seien nicht mehr anschaubar. Dabei betonte Goethe mehrmals, dass das symbolische Verstehen erst spät aufgeht und das Ganze nur im Zusammenhang mit dem Teil zu verstehen ist. Man muss nur immer mehr wissen, um die Balance zwischen dem Ganzen und dem Teil zu halten.[25]
In der Romantik, noch zu Goethes Lebzeiten, machte der Symbolbegriff eine tiefgehende Wandlung durch: weg von der bekannten Welt, hin zu den unerklärlichen Geheimnissen des menschlichen Lebens und der Natur.[26]
In der gegenwärtigen literaturwissenschaftlichen Diskussion herrscht eine auffallende Zurückhaltung gegenüber dem Begriff des Symbols ganz im Unterschied zu anderen Disziplinen wie Psychoanalyse, Theologie, Ethnologie, Lernpsychologie und Soziologie. Dort gewinnt der Symbolbegriff eine immer wichtigere Bedeutung. Es gibt neue Vorschläge in der Literaturwissenschaft, den nichtssagenden Symbolbegriff ganz fallen zu lassen und dafür eine Metapher bzw. eine Allegorie einzusetzen. Neben dieser Tendenz findet natürlich weiterhin eine symbolische Handlung statt.[27]

5. Gemeinsamkeiten und Unterschiede

Metapher, Allegorie und Symbol gehören zu den zentralen Begriffen der Literaturwissenschaft und sind sprachliche Vertreter der Bildlichkeit, die viele Gemeinsamkeiten aber auch Unterschiede haben. Metapher und Allegorie sind Parallelphänomene. Eigentlich sind Allegorien fortgesetzte und durchgeführte Metaphern oder Vergleiche mit dem Unterschied, dass der Allegorie meist eine kulturell und gesellschaftlich gewachsene Bedeutung zukommt. Bei Metaphern steht im Vordergrund nicht die eigentliche Bedeutung. Eine Metapher

---

[24] Vgl. Kurz, G. (1982), S. 73-77
[25] Vgl. Kurz, G. (1982), S. 70-71
[26] Vgl. Seibicke, W. (1969), S. 169
[27] Vgl. Kurz, G. (1982), S. 66-67

ist ein literarisches Vergleichsbild ohne „wie", die wörtlich keinen Sinn macht.[28] Die Allegorie dagegen bietet eine abstrakte Darstellung an. Der Autor einer Allegorie will das Gesagte so verstanden wissen, dass es auch aufgefasst wird, z.B. bei der Ironie, einer Form der Allegorie, ist das Gegenteil dessen, was gesagt wird, gemeint. Während die Metaphern eine eindeutige Bedeutung haben, weil sie eine Bedeutungsverschmelzung aufweisen, sind die Allegorien zweideutig und legen den Bedeutungssprung vor. Im Unterschied zum Symbol beruht die Allegorie immer auf einer wirklichen Beziehung zwischen dem Sinnbild und dem eigentlich damit Gemeinten. Symbole sind keine bildlichen Ausdrücke, wie Metaphern und Allegorien, sondern bildkräftige Wahrzeichen, die über sich selbst auf einen höheren Bereich verweisen. Bei Symbolen aktualisieren wir ein Gegenstandsbewusstsein, bei Metaphern ein Sprachbewusstsein. Mit diesem Unterschied von Metapher und Symbol lässt sich die Beobachtung erklären, dass Texte mit einem hohen Anteil von Metaphern die Möglichkeit von Symbolen zurückdrängen und auch umgekehrt.[29]

Die Metapher ist ein Binnenelement von Texten und ist im Sprachgebrauch weit verbreitet. Die Allegorie hingegen kann in sämtlichen literarischen Grundgattungen wie Drama, Epik und Lyrik verwendet werden. Manifestationsform der Symbole hält sie immer noch am Leben. Dazu gehört ein Indiz als ein Zeichen, das in einer dynamischen und notwendigen Beziehung mit seinem Bezeichneten steht, z.B. ist Rauch ein Indiz für Feuer. Daher kann man das Symbol als ein Textelement mit einer indizierenden und einer metaphorischen Bedeutung definieren. Dabei hebt die metaphorische Bedeutung die indizierende Bedeutung nicht auf. Auch im Zusammenhang mit Allegorien kommen oft Symbole vor.[30]

---

[28] Vgl. Mackowiak, K. (2011), S. 173-174
[29] Vgl. Kurz, G. (1982), S. 72
[30] Vgl. Seibicke, W. (1969), S. 134-135

6. Schluss

Aus dieser Arbeit ziehe ich persönlich den Schluss, dass es sich lohnt, auf die oben genannten Ausdrucksmittel zurückzugreifen und von gewissen sprachlichen Standards abzuweichen, Kreativität und Mut zu Veränderung zu zeigen, weil dann die Zwischentöne eines Textes hervorgehoben werden. Dadurch wird seine Sprachmelodie verbessert, die einem Leser die Bilder liefert, die seine Aufmerksamkeit und Ergriffenheit erzielen, sodass eine Geschichte spannender, überzeugender und wahrhaftiger wirkt. „Gute Bilder — und nur solche — sind daher für alle Texttypen ein Königsweg der Vermittlung."[31]

Die Begriffe Metapher, Symbole und Allegorie aus verschiedenen Blickwinkeln miteinander zu vergleichen halte ich hingegen für sehr schwierig, weil sie viel Gemeinsames haben. Anhand zahlreicher Beispiele ist es festgestellt worden, dass die Schriftsprache eine richtige Kunst ist, die Feinheiten nuanciert ausdrückt, sowie Natürlichkeit und Frische der Ausdrucksmittel mit Sorgfalt kombiniert. Selbstverständlich sind einige Fragen noch offen geblieben, wie z.B., ob man sparsam mit diesen rhetorischen Mitteln umgehen soll. „Die Kunst besteht hier wie beim Kochen, Braten und Backen darin, mit Fingerspitzengefühl die richtige Menge der Würze zu treffen."[32] Ich würde mich eigentlich gerne auch in das Thema vertiefen, wie missglückte Bilder die erhoffte Wirkung zerstören können. Aber eine umfassendere Behandlung dieses Themas würde den Rahmen der vorliegenden Arbeit sprengen.

---

[31] Mackowiak, K. (2011), S. 158
[32] Seibicke, W. (1969), S. 123

7. Literaturverzeichnis

1. Kurz, G. (1982): Metapher, Allegorie, Symbol, Göttingen, 1982
2. Mackowiak, K. (1982): Die häufigsten Stilfehler im Deutschen und wie man sie vermeidet, München, 2011.
3. McCullough, C. (2007): Land der Dornen, München, 2007.
4. Seibicke, W. (1969): Wie schreibt man gutes Deutsch? 1969

BEI GRIN MACHT SICH IHR WISSEN BEZAHLT

- Wir veröffentlichen Ihre Hausarbeit, Bachelor- und Masterarbeit

- Ihr eigenes eBook und Buch - weltweit in allen wichtigen Shops

- Verdienen Sie an jedem Verkauf

Jetzt bei www.GRIN.com hochladen und kostenlos publizieren